PATRICK-KAMUNGA MADIKA

À LA DÉCOUVERTE DES DIAMANTS CACHÉS

PATRICK-KAMUNGA MADIKA

À LA DÉCOUVERTE DES DIAMANTS CACHÉS

SECRETS DE LA VIE

Éditions Croix du Salut

Imprint

Any brand names and product names mentioned in this book are subject to trademark, brand or patent protection and are trademarks or registered trademarks of their respective holders. The use of brand names, product names, common names, trade names, product descriptions etc. even without a particular marking in this work is in no way to be construed to mean that such names may be regarded as unrestricted in respect of trademark and brand protection legislation and could thus be used by anyone.

Cover image: www.ingimage.com

Publisher:
Éditions Croix du Salut
is a trademark of
Dodo Books Indian Ocean Ltd. and OmniScriptum S.R.L publishing group

120 High Road, East Finchley, London, N2 9ED, United Kingdom
Str. Armeneasca 28/1, office 1, Chisinau MD-2012, Republic of Moldova, Europe
Managing Directors: Ieva Konstantinova, Victoria Ursu
info@omniscriptum.com

Printed at: see last page
ISBN: 978-613-7-36600-4

ÉPIGRAPHE

"Dieu dissimule des trésors près de nous, attendant que nous apprenions à les découvrir."

KAMUNGA MADIKA Patrick

DEDICACE

À tous les orphelins du monde, qui sont des trésors inestimables pleins de potentiel et de rêves à réaliser. Que ce livre puisse être une source d'inspiration et d'espoir pour vous.

À ma merveilleuse épouse, dont l'amour et le soutien indéfectibles ont rendu ce rêve possible. Sans toi, ce livre n'aurait jamais vu le jour.

À mon équipe « *Sound of Glory Global* », dont la passion et la créativité ont illuminé ce projet. Votre inspiration et votre dévouement ont été des moteurs essentiels dans cette aventure.

KAMUNGA MADIKA Patrick

AVANT PROPOS

Bienvenue dans « *À la Découverte des Diamants Cachés : Secrets de la Vie* ». Ce livre est un voyage à travers les méandres de notre existence, une exploration des trésors qui se cachent souvent sous la surface de la vie quotidienne.

Nous vivons dans un monde où les défis et les difficultés peuvent parfois obscurcir notre vision et nous empêcher de percevoir la beauté et les opportunités qui nous entourent. À travers ces pages, je souhaite partager des réflexions, des découvertes et des leçons apprises tout au long de mon parcours. Mon espoir est que vous soyez encouragés à chercher ces diamants cachés, ces précieux secrets qui enrichissent notre expérience humaine et nous rapprochent de notre véritable potentiel.

Chaque chapitre est conçu pour vous inviter à réfléchir et à grandir, à découvrir en vous des ressources insoupçonnées qui peuvent transformer votre manière d'aborder la vie. Ensemble, découvrons ces vérités et secrets qui, bien que souvent invisibles, brillent de tout leur éclat quand nous savons où chercher.

Je vous remercie de prendre part à ce voyage avec moi. Que chaque mot vous inspire, vous challenge et vous aide à dévoiler les diamants cachés en vous !

KAMUNGA MADIKA Patrick

RÉSUME

Vous êtes-vous déjà demandé ce qui distingue les personnes qui réussissent de celles qui ne parviennent pas à réaliser leurs rêves ? Ce livre est une invitation à explorer les profondeurs de votre être et à déceler les diamants cachés qui sommeillent en vous.

Au fil des pages, vous découvrirez :

- Les secrets de la grandeur : Quels sont les traits de caractère et les valeurs qui ont façonné les plus grands hommes et femmes de l'histoire ?

- Les sources de l'inspiration : Comment puiser en soi et dans le monde extérieur une énergie créatrice qui vous propulsera vers vos objectifs ?

- Le chemin de l'éveil : Quelles sont les qualités essentielles pour accéder à une connaissance plus profonde de soi et du monde ?

- Les fondamentaux du succès : Quels sont les piliers sur lesquels bâtir une vie épanouissante et réussie ?

- Le pouvoir de l'action : Comment transformer vos rêves en réalité grâce à des actions concrètes et efficaces ?

Ce livre est un guide pratique et inspirant qui vous aidera à :

- Développer votre potentiel : Libérez votre créativité et exploitez toutes vos capacités.
- Surmonter les obstacles : Apprenez à faire face aux défis et à rebondir après les échecs.
- Construire des relations solides : Entourez-vous de personnes positives et inspirantes.
- Trouver votre voie : Découvrez votre véritable vocation et donnez un sens à votre vie.

"À la découverte des diamants cachés" est une invitation à un voyage intérieur passionnant. Préparez-vous à découvrir les secrets qui vous permettront de briller de mille feux!

TABLE DES MATIERES

ÉPIGRAPHE...1

DEDICACE 3

AVANT PROPOS...5

RÉSUME 7

TABLE DES MATIERES 9

INTRODUCTION 10

Chapitre I : UN GRAND HOMME DE LA VIE......................13

Chapitre II : LA SOURCE...22

Chapitre III : QUI EST QUALIFIE POUR CES SECRETS.....31

Chapitre IV : LES CHOSES PRINCIPALES 43

Chapitre V : AGIR 46

Chapitre VI : LE MYSTERE DE LA PETITESSE 63

Chapitre VII : L'ART DE DECOUVRIR VOTRE VALEUR UNIQUE 68

CONCLUSION 78

BIBLIOGRAPHIE 81

INTRODUCTION

Dans son célèbre discours **"Des Acres de Diamants,"** Russell Herman Conwell (1843-1925) raconte l'histoire poignante d'un fermier vivant à une époque où la première mine de diamants a été découverte en Afrique. Ébloui par la promesse de richesses infinies, ce fermier, poussé par un désir insatiable, vend sa ferme pour partir à la recherche des diamants qui feraient de lui un homme riche et heureux.

Sa quête, cependant, fut longue et éprouvante. Errant à travers le continent africain, il ne trouva aucune richesse. Découragé, malade et sans le sou, il mit fin à ses jours en se jetant dans une rivière en furie. Ironiquement, peu après sa mort, l'homme qui avait acheté sa ferme découvrit une pierre étrange au fond du petit ruisseau qui la traversait. Il l'installa sur sa cheminée comme une curiosité. Un visiteur, intrigué par cette pierre, révéla au nouveau propriétaire qu'il s'agissait de l'un des plus grands diamants jamais trouvés. Une enquête approfondie révéla que la ferme était littéralement recouverte de ces pierres précieuses. En réalité, le fermier qui avait vendu sa terre pour financer sa quête de richesse avait possédé l'une des mines de diamants les plus riches et productives du monde, sans même le savoir. Les diamants étaient cachés dans son propre jardin, mais il n'avait pas pris le temps d'explorer ce qu'il avait.

Cette histoire illustre une vérité fondamentale : souvent, les meilleures opportunités et les idées les plus précieuses se trouvent juste à nos portes. Comme le dit le Psaume 33:5 : **"La bonté de l'Éternel remplit la terre."** Ce que vous recherchez, qu'il s'agisse d'une opportunité ou d'une inspiration, peut être là, juste au moment où vous lisez ces lignes. La vie regorge de secrets, et chaque jour est une nouvelle occasion de les découvrir.

"À la Découverte des Diamants Cachés : Secrets de la Vie" aspire à vous guider dans cette exploration. Ce livre n'est pas seulement une réflexion sur les trésors cachés que nous possédons déjà, mais également un appel à approfondir notre compréhension de la vie et à reconnaître les richesses qui nous entourent. Ce n'est pas tant la durée de votre travail qui importe, mais plutôt la profondeur avec laquelle vous explorez votre environnement, car les clés du succès sont omniprésentes.

Alors que vous parcourez ces pages, peut-être ressentez-vous un sentiment d'inaccomplissement ou un manque d'épanouissement intérieur. Sachez qu'il existe des secrets qui peuvent vous propulser vers de nouveaux sommets. Vous aspirez à des choses dans la vie : un encouragement divin, une opportunité en or ou un contact précieux. Tout cela pourrait être le secret dont vous avez besoin pour que tout commence à s'aligner. Vous êtes destiné à la victoire, et cette victoire dépend des informations et des révélations que vous êtes prêt à accueillir.

Tout ce dont vous avez besoin, ce sont les secrets de la vie. Préparez-vous à découvrir ces trésors cachés qui peuvent transformer votre existence et vous mener vers le succès que vous méritez.

Chapitre I : UN GRAND HOMME DE LA VIE

Certains hommes ont découvert des secrets et ont porté leur vision sur les ailes de ces secrets, atteignant ainsi un succès immense. Ces hommes ont choisi de ne pas rester en marge de leur avenir. Ils ont également déniché les clés qui leur ont permis de passer de l'arrière-plan au premier plan.

CES CLÉS SONT LES SECRETS ET PRINCIPES DE DIEU.

Moïse a rencontré Dieu alors qu'il parcourait sa vie sur terre. Dieu lui a dit d'aller délivrer son peuple, mais Moïse s'est plaint de ses insuffisances. Alors, Dieu a décidé de montrer à Moïse les secrets qui l'entouraient. Dans le livre de l'Exode 4:2, la Bible rapporte : « *L'Éternel lui dit : Qu'y a-t-il dans ta main ? Il répondit : Une verge.* » Vous connaissez la suite de l'histoire : cette verge est devenue un serpent. De plus, le Seigneur lui dit : « ... Mets maintenant ta main dans ton sein. » Et il mit sa main dans son sein ; et quand il la retira, voici, sa main était lépreuse comme la neige. » (Exode 4:6)

Il mit ensuite sa main à nouveau dans son sein, et elle redevint comme sa chair. Moïse ne savait pas qu'il avait quelque chose en lui capable de provoquer un changement : c'était un secret. La verge devint également un bâton de commandement pour délivrer une génération. Le Seigneur Dieu montrait à Moïse que tout autour de lui était rempli de secrets. Ce que l'on cherche parfois ailleurs peut en réalité se trouver juste là, en nous. Asseyez-vous, regardez en vous-même et vous serez émerveillé.

Joseph est passé de la fosse à la maison de Potiphar, puis à la prison, jusqu'à ce que Dieu lui donne une révélation sur la manière de stocker de la nourriture pendant des années en Égypte. Par la suite, il a vu le trône.

Pierre a essayé de pêcher toute la nuit sans rien attraper, jusqu'à ce que des secrets lui soient révélés. Jésus lui dit : « ***Jette le filet du côté droit du bateau, et tu trouveras.*** » Ils le firent donc et n'étaient plus capables de tirer le filet à cause de la multitude de poissons. (Jean 21:6) Il y a un côté droit dans la vie.

Lorsque Daniel était un jeune esclave, le roi de Babylone eut un rêve si difficile que personne ne pouvait l'interpréter. Au milieu de cette confusion, Dieu révéla à Daniel des secrets, et la réponse au rêve difficile du roi fut livrée. Daniel a compris que les vérités cachées et les révélations divines étaient essentielles pour naviguer dans les défis de la vie. Il sut que ces secrets étaient à la fois une bénédiction et une responsabilité. En cherchant ces révélations, il a pu non seulement sauver sa propre vie, mais aussi celle de ses compagnons et même influencer le roi.

Ainsi, ces grands hommes de la Bible nous enseignent qu'il est crucial d'être attentif aux révélations divines et aux secrets qui peuvent transformer notre existence. Que ce soit par la foi, la persévérance ou l'introspection, chacun d'eux a découvert des clés qui leur ont ouvert des portes vers des destins glorieux.

Isaac s'est mis à creuser des puits et trouva de l'eau dans le pays stérile où les Philistins se plaignaient de la sécheresse. En effet, la Bible dit : « ***Et Isaac sema dans ce pays, et il recueillit cette année-là le centuple, car l'Éternel le bénit.*** » (Genèse 26:12). Isaac avait découvert un secret qui lui a permis de prospérer là où d'autres échouaient.

Ces exemples nous montrent que dans les moments les plus difficiles, Dieu peut révéler des secrets qui nous mènent à la prospérité et à la réussite. Il est important de rester attentif et d'écouter ce que Dieu nous dit, même lorsque les circonstances semblent défavorables. Souvent, c'est dans l'adversité que nous découvrons notre véritable potentiel et que nous sommes préparés à recevoir les bénédictions que Dieu a pour nous.

Tout comme Daniel, qui a été promu au milieu de ses ennemis grâce à la sagesse que Dieu lui a donnée, nous aussi, nous pouvons connaître des élévations divines lorsque nous cherchons la connaissance et la révélation de Dieu. Les défis peuvent être des tremplins vers notre destinée. Ainsi, au lieu de nous laisser abattre par les difficultés, cherchons les secrets que Dieu a réservés pour nous.

Dans notre quête de succès et de réalisation personnelle, rappelons-nous que Dieu a une lumière pour chaque obscurité que nous rencontrons. Comme il est écrit dans Ésaïe 60:1-3 : « *Lève-toi, brille ; car ta lumière est venue, et la gloire de l'Éternel s'est levée sur toi.* »

Cela nous rappelle que même dans les périodes les plus sombres, la gloire de Dieu peut se manifester et nous conduire vers une vie de victoire et d'abondance. « *L'homme s'enrichit, il progresse et devient très grand.* » (Genèse 26:13)

Examinons les histoires des grands hommes ; ils ont tous eu des secrets :

Soichiro Honda est né dans un petit village au Japon. Honda était un élève médiocre à l'école. Il a commenté plus tard : « *J'avais de mauvaises notes à l'école, mais cela ne me dérangeait pas beaucoup. Mon univers tournait ailleurs, autour des moteurs et des bicyclettes...* » C'est pourquoi nous avons aujourd'hui les produits Honda.

D'autres esprits brillants comme Henry Ford, dont le père était agriculteur et ne voyait aucune raison pour que son fils continue ses études, ont émergé avec un secret qui a permis à leur génération de découvrir les voitures Ford. D'autres ont également fait le saut de zéro à héros, comme Ray Kroc, Paul Getty, Walt Disney, John Rockefeller et Thomas Watson Conrad.

Nicholson Hilton, un homme qui a révolutionné l'industrie hôtelière, est l'un des plus grands magnats de l'hôtellerie au monde. Sa philosophie se résume en quatre déclarations magnifiques : « *Je crois en Dieu et je crois qu'à travers la prière...* »

Ces exemples nous montrent que derrière chaque succès se cache une histoire unique, souvent marquée par des défis, des échecs et des révélations. Ces hommes ont su écouter leur passion et leur intuition, transformant leurs rêves en réalité. Ils ont compris que la clé de leur réussite résidait dans la découverte de leurs propres secrets, ceux qui les ont guidés vers la grandeur.

Il est essentiel pour chacun d'entre nous de rechercher ces secrets dans notre propre vie. Que ce soit par la persévérance, la foi ou l'innovation, nous pouvons tous trouver notre propre chemin vers le succès. La vie est pleine d'opportunités cachées ; il nous suffit d'ouvrir les yeux et d'être prêts à les saisir.

- « Les grands hommes de la vie peuvent obtenir l'amour de Dieu. »

- « Je crois en mon pays ; je crois que son destin est grand et noble. »

- « Je crois en la vérité ; je crois que tout homme qui ment délibérément se mutilé consciemment. »
- « Mais par-dessus tout, je crois en le courage et en l'enthousiasme, car sans eux, les gens freinent leurs désirs les plus forts. »

Tout ce que vous voyez autour de vous s'est produit parce que des secrets et des idées ont été révélés. Le célèbre produit Coca-Cola que vous buvez a son secret, tout comme Microsoft et bien d'autres. Dieu est sur le point de vous révéler des secrets pour une plus grande réussite. Peu importe d'où vous venez, le succès n'a pas de lignée, il ne connaît pas de genre et ne respecte aucune race.

Si Dieu peut élever ces hommes issus de milieux pauvres et humbles vers la grandeur, votre situation n'est pas différente.

« Car les yeux du Seigneur parcourent toute la terre pour se montrer fort en faveur de ceux dont le cœur est parfait envers lui. » (2 Chroniques 16:9) Dieu vous localisera sûrement.

Des secrets ! Ils sont tout autour de nous. Certains restent dormants, attendant que quelqu'un les découvre. Par conséquent, vous devez cultiver l'habitude de « *voir ce que tout le monde voit, mais de penser positivement à ce que personne ne pense* » (Dr Mike Angou).

Un jour, Michel-Ange a vu un bloc de marbre que son propriétaire considérait comme sans valeur. « *Il est précieux pour moi* », a dit Michel-Ange. « *Il y a un ange emprisonné à l'intérieur, et je dois le libérer.* » Apprenez à voir l'invisible. Les étoiles brillent constamment, mais nous ne les voyons souvent pas jusqu'à ce que l'obscurité arrive. Il en va de même avec les secrets.

QUE VOYEZ-VOUS ?

La vie répond à votre perspective et à votre perception, car nous allons là où notre vision se trouve. « *Tout fait qui nous fait face n'est pas aussi important que notre attitude envers lui, car cela détermine notre succès ou nos échecs.* » (Norman Vincent Peale)

Dieu a dit à Abraham : « *Tout ce que tes yeux peuvent voir, je te le donnerai.* » Car tout ce que nous imaginons dans notre esprit, nous le réalisons dans la vie. La foi répond à l'image que l'on voit. Si les choses ne fonctionnent pas pour vous, cela peut simplement être parce que vous n'avez pas encore imaginé ce que vous voulez.

LA VIE.

Un homme ne peut pas changer son avenir tant qu'il ne change pas son image. Lorsque David Cho a commencé une église dans son pays, il prêchait les yeux fermés devant des sièges vides. Il s'imaginait des milliers de personnes, et aujourd'hui, il a une congrégation d'un million de membres.

Dieu dit : « ***J'ai mis devant vous une porte ouverte que personne ne peut fermer.*** » (Lire Apoc. 3:8) Il n'a pas dit qu'il allait ouvrir la porte ou qu'il allait la mettre ouverte. Il l'a déjà fait. Les portes menant à votre gloire sont déjà ouvertes. Pourtant, beaucoup passent à côté. Des multitudes de personnes nagent dans l'abondance mais vivent dans la rareté ; elles travaillent comme des éléphants et mangent comme des fourmis. Cela me peine de voir des gens investir beaucoup sans aucune productivité.

« ***L'une des plus grandes et des plus confortables vérités est que lorsqu'une porte se ferme, une autre porte s'ouvre ; mais souvent, nous regardons si longtemps et avec regret la porte fermée que nous ne voyons pas celle qui est ouverte pour nous.*** » (Anonyme)

Mike Murdock a dit : « ***Ce que vous voyez détermine ce que vous êtes prêt à changer.*** » Le fils prodigue a vu de grandes difficultés, ce qui l'a poussé à changer de voie et à retourner chez son père. Lorsque la grande ville de Ninive a vu Jonas et entendu la parole de Dieu, ils ont tous...

Il y a des secrets. Lorsqu'un homme accède à des secrets divins, il change sa perspective et, par conséquent, modifie toute sa conduite en un rien de temps. Ces révélations peuvent transformer son existence, l'amenant à voir le monde sous un nouvel angle et à agir différemment. Les vérités cachées peuvent ouvrir des portes qui semblaient fermées, offrant des opportunités et des bénédictions inimaginables.

Il est essentiel de chercher ces secrets, de prier pour la sagesse et d'être attentif aux signes que la vie nous envoie. Car souvent, ce sont ces petites révélations qui peuvent avoir un impact monumental sur notre parcours.

Chapitre II : LA SOURCE

« Tu me feras connaître le chemin de la vie... » (Psaume 16 : 11). Il y a un chemin à suivre - un chemin vers la grandeur, la richesse, la renommée, la bonne santé et tous les éléments essentiels d'une vie excellente. Seul Dieu peut nous révéler ce secret de la vie. Deutéronome 29 : 29 dit : « Les choses secrètes sont à l'Éternel, notre Dieu... » Dieu détient la clé des secrets. Votre accès au Créateur peut transformer votre avenir. Dieu a dit : « Approchez-vous de moi, et je m'approcherai de vous. » Permettez à Dieu de prendre le contrôle de votre être.

SA PRÉSENCE DIVINE

Il n'est pas difficile de savoir si Dieu est présent dans la vie de quelqu'un. Une personne qui a la présence de Dieu sera paisible face aux tempêtes, joyeuse même si elle ne sait pas d'où viendra son prochain repas, et se tiendra droite au milieu des défis. L'homme qui met Dieu en premier trouvera Dieu avec lui jusqu'au dernier moment. « ***Dans tout ce que tu fais, mets Dieu en premier, et il te dirigera...*** » « ***Couronnez vos efforts de succès.*** » (Proverbes 3:16, TLB)

Les disciples de Jésus-Christ étaient si distincts et différents que la Bible dit que les gens remarquaient leur audace et prenaient note que ces hommes étaient avec Jésus. (Lire Actes 4:13) Moïse a dit : « *Je ne partirai pas, Seigneur, tant que tu ne viens pas avec moi.* » (Lire Exode 33:14, 15) Lorsque vous allez avec Dieu, vous utiliserez Ses secrets et volerez sur les ailes de la victoire ; l'impossible deviendra possible pour vous. (Lire Luc 18:27)

Les secrets cachés deviennent visibles pour ceux qui osent croire que le Dieu en eux est supérieur aux circonstances qui les entourent ; ces hommes accomplissent de grandes choses. C'est seulement dans la présence de Dieu que vous pouvez voir ce que Dieu voit et savoir ce que Dieu sait. Rappelez-vous qu'un homme petit se tient sur les autres tandis qu'un grand homme se tient sur Dieu.

Lorsque vous dites « impossible », cela montre que vous êtes du côté perdant. Rêvez grand, pensez grand et agissez grand ; alors de grandes choses viendront à vous. La plupart des choses réalisées dans l'histoire ont été déclarées impossibles avant d'être accomplies. Le secret pour accomplir l'impossible n'appartient qu'à Dieu ; par conséquent, tournez-vous vers Lui.

Dieu, croyez et faites-lui confiance. Lorsque vous le faites et que vous embrassez sa présence, vous verrez des solutions se manifester dans chaque défi auquel vous êtes confronté. (Lisez Psaume 97:5)

« Oui, soyez audacieux et forts, chassez la peur et le doute ! Car souvenez-vous, le Seigneur votre Dieu est avec vous partout où vous allez. » (Josué 1:9, TLB)

PROTÉGEZ VOTRE ESPRIT

« Garde ton cœur avec toute diligence ; car de lui viennent les sources de la vie. » (Proverbes 4:23) Vous avez besoin d'un esprit sain pour vivre une vie saine, car votre esprit est le siège de la sagesse. Tout ce que nous voyons autour de nous a d'abord été une idée dans l'esprit. Chaque individu est une idée dans l'esprit du Créateur. Que cela nous plaise ou non, c'est un monde d'idées et de pensées. L'automobile que vous conduisez, la maison dans laquelle vous vivez et la chaise sur laquelle vous êtes assis ont d'abord été conçues dans l'esprit. Elles ont d'abord été visualisées dans l'esprit, puis sont devenues réelles grâce au processus créatif de l'esprit.

Celui qui échoue dans son esprit a échoué dans sa vie, car des esprits aveugles sont pires que des yeux aveugles.

Réussir dans l'esprit, c'est réussir dans la vie. C'est la vérité : votre secret pour le succès personnel réside dans le contrôle de votre esprit et la maîtrise de vos émotions. Le monde est rempli de personnes qui ne contrôlent vraiment pas leur propre esprit. Beaucoup ont laissé leur esprit être dominé par des habitudes destructrices.

Refusez de vous joindre à la fête de la pitié ; car le bonheur n'est pas un objectif, c'est un état d'esprit. "Un cœur joyeux est un bon remède ; mais un esprit abattu dessèche les os." (Proverbes 17:22) Abraham Lincoln a dit : "La plupart des gens sont aussi heureux qu'ils décident de l'être."

La Bible dit : "Comme l'homme pense dans son cœur, ainsi est-il." (Proverbes 23:7a) Vous avez non seulement le pouvoir de penser, mais aussi le pouvoir de contrôler vos pensées et de les diriger pour qu'elles obéissent à vos ordres. Un homme est la somme totale de ses pensées dominantes et les plus marquantes.

Les secrets sont révélés à ceux qui ouvrent leur esprit pour les recevoir. Votre esprit est le point où les secrets circulent. L'esprit peut être comparé à un arrêt de bus : très occupé et bruyant, mais c'est là que vous pouvez attraper un bus pour voyager. L'esprit est toujours en mouvement, mais...

C'est là que les secrets circulent. Ce que l'esprit peut concevoir et croire, il peut l'accomplir. Regardez la merveille qu'est l'ordinateur : l'homme l'a conçu et l'a réalisé ! Des machines qui fonctionnent à la vitesse de la lumière (186 300 miles par seconde), capables de calculer 40 000 opérations arithmétiques par seconde, qui peuvent détecter et corriger des erreurs ! Ces machines sont devenues une réalité parce que l'homme y a intégré des circuits électriques, qui, à bien des égards, fonctionnent comme l'activité électrique connue du système nerveux du corps humain. Tout ce que vous concevez et croyez, vous pouvez l'accomplir. Philémon 1:14a dit : « Sans ton esprit, je ne ferais rien. »

RENOUVELER L'ESPRIT

La transformation vient par le renouvellement de votre esprit. (Lisez Romains 12:2) Ami, vous ne pensez pas à rien ; vous devez penser à quelque chose - des informations positives. (Lisez Philippiens 4:8). Aucun homme ne change tant que son esprit ne change pas. Je vais vous donner des informations pendant que j'écris ou que je parle, selon le cas, et le Saint-Esprit soufflera dessus et en fera une révélation qui vous conduira à la transformation.

Votre esprit est comme un jardin. Il produira toujours des épines et des chardons si vous le laissez sans entretien. Si vous le cultivez, il produira de bons fruits. Prenez le contrôle de votre vie ; cultivez votre esprit. Plantez-y les bonnes semences. Renouvelez votre esprit avec la parole de Dieu. David a dit à juste titre : "J'ai caché ta parole dans mon cœur, afin de ne pas pécher contre toi." (Psaumes 119:11)

Parfois, je me demande quelle est la chose la plus importante que je puisse faire pour un être humain pendant mon temps sur terre. Quelle est la seule chose que je puisse faire pour mes enfants ? Et puis, je me dis que si je peux susciter une passion pour la parole de Dieu dans leur vie, je peux résoudre tous les problèmes de leur vie, car la parole contient les secrets de Dieu. Si je ne peux pas augmenter votre passion pour la parole, je ne peux résoudre aucun de vos problèmes. Car chaque problème commence dans l'esprit.

"Car il garde dans une parfaite paix celui dont l'esprit s'appuie sur toi." (Ésaïe 26:3)

À travers la parole : Je peux résoudre votre problème financier : *"Heureux l'homme qui craint l'Éternel, qui trouve un grand plaisir dans ses commandements... La richesse et les richesses seront dans sa maison..."* (Psaume 112:1b, 3a)

Je peux résoudre votre problème de dépression : *"Déchargez-vous sur lui de tous vos soucis, car il prend soin de vous."* (1 Pierre 5:7) Tout problème dépressif et émotionnel peut être résolu par la parole de Dieu. Cela est devenu ma motivation pour aider les gens à découvrir leur destinée par l'enseignement de la parole de Dieu.

Alimentez votre esprit avec de bonnes informations saines ; prenez la décision de lire un livre chaque mois ou plus, et vous deviendrez plus sages et mieux préparé pour l'œuvre du Maître. Les livres ne vous laissent jamais la même personne qu'au moment où vous les avez rencontrés. Alors que j'écris ce livre, j'étudie la biographie d'un des présidents américains célèbres : Richard Nixon. Ses discours et sa philosophie de la vie sont très influents. Ce que vous lisez détermine vos pensées, et vos pensées déterminent votre élévation dans la vie. Thomas Carlyle a dit : "L'université de notre époque est la collection de livres."

Si vous lisez une heure par jour dans le domaine dans lequel vous souhaitez devenir un expert, en deux à trois ans, vous pouvez devenir un performeur de haut niveau dans ce domaine. En cinq ans, vous deviendrez une autorité. Dans ces cinq années...

Dans ce domaine, il existe des vérités profondes. Si vous consacrez dix ans à développer votre esprit, vous atteindrez le premier pour cent des performeurs dans votre domaine. Écoutez des enregistrements et explorez Internet. "Un homme sage écoutera et augmentera son savoir." (Proverbes 1:5a). Prenez les rênes de votre vie et renouvelez votre esprit chaque jour. La plus grande chose que vous puissiez accomplir tout au long de votre existence est la capacité de développer votre esprit, car c'est là que se trouve tout ce dont vous avez besoin pour inscrire votre nom dans les annales du temps.

Je souhaite pouvoir graver dans le cœur de chaque jeune la réalité que l'esprit est un siège d'un immense pouvoir. Votre succès dans la vie, votre renommée et votre fortune ont une corrélation directe avec vos schémas de pensée particuliers et constants. Si jamais vous échouez dans la vie, sachez que tout a commencé en vous, et c'est seulement vous qui pouvez vous propulser des échelons inférieurs de l'échelle jusqu'à la table ronde des grands et des puissants.

"L'homme est fait ou défait par lui-même ; dans l'armurerie de la pensée, il forge les armes par lesquelles il se détruit ; il façonne également les outils avec lesquels il construit pour lui-même des demeures célestes de joie, de force et de paix."[1] (James Allen)

DITES CECI À VOUS-MÊME :

- J'ai le droit de choisir mes propres pensées.
- Je ne suis pas lié à l'opinion des autres à mon égard.
- Personne ne pense à ma place, sauf si je le permets.
- Je choisis pour moi-même des pensées de santé, de bonheur, de prospérité, d'amour et de compréhension.

---

[1] https://www.bookey.app/fr/book/tel-un-homme-pense-by-james-allen/quote

- La peur et la haine n'ont pas leur place dans mes pensées.
- À partir de ce moment, je prends position pour mon destin.

Chapitre III : QUI EST QUALIFIE POUR CES SECRETS

Les secrets abondent et sont ouverts à quiconque est disposé, car Dieu ne fait pas de favoritisme. (Lire Actes 10:34, 35) Emphatiquement, les secrets sont partout, mais très peu ont été exposés à l'esprit de Dieu pour expérimenter Ses secrets.

Voici trois catégories de personnes qui peuvent avoir accès aux secrets de Dieu :

1. CEUX QUI CRAIGNENT ET RESPECTENT LE SEIGNEUR

Les secrets du Seigneur opèrent dans la sagesse. La plupart des grands hommes qui ont traversé cette vie ont vécu selon ce principe de crainte et de respect pour Dieu, car ce que vous respectez, vous l'attirez.

« Le secret de l'Éternel est pour ceux qui Le craignent ; et il leur fait connaître son alliance. »

(Psaume 25:14)

2. LES DOUX DE CŒUR

« Il guidera les humbles dans la justice, et il enseignera aux doux ses voies. » (Psaume 25:9)

Les secrets de Dieu sont avec les doux. Celui qui est doux est aimable, gentil et tempéré. Il ou elle est très soumis(e) à la volonté de Dieu. La Bible mentionne Moïse comme l'homme le plus humble sur terre, celui qui a parlé à Dieu face à face. Dieu a montré ses actes aux enfants d'Israël, mais Il a révélé ses secrets à Moïse. (Lire Psaume 103:7)

Soyez humble, car avant l'honneur vient l'humilité. Les grands hommes sont doux et humbles de cœur. Consultez les récits : aucun homme orgueilleux ne peut s'élever haut dans la vie ; car même s'il s'élève, il sera sûrement abaissé.

Même Jésus aurait pu dire : « Dites-moi ce que j'ai fait avant de me crucifier », mais Il s'est humilié jusqu'à la mort, et c'est pourquoi nous sommes ici aujourd'hui. Lorsque vous êtes doux et humble, vous expérimenterez les secrets de Dieu.

« Prenez mon joug sur vous, et apprenez de moi ; car je suis doux et humble de cœur : et vous trouverez du repos pour vos âmes. » (Matthieu 11:29)

3. CELUI QUI AIME LE SEIGNEUR

« Mais comme il est écrit : Ce que l'œil n'a point vu, et que l'oreille n'a point entendu, et ce qui n'est point monté au cœur de l'homme, ce sont les choses que Dieu a préparées pour ceux qui l'aiment. » (1 Corinthiens 2:9)

Beaucoup ont entendu parler de la richesse du roi Salomon dans la Bible. Il était peut-être l'homme le plus riche qui ait jamais vécu. Peut-être que les gens devraient être informés du degré d'affluence dont jouissait le roi Salomon afin qu'ils puissent pleinement apprécier pourquoi il est nécessaire de connaître le secret derrière la richesse de Salomon.

En 1921, certains architectes ont mené une étude approfondie du temple construit par Salomon et ont évalué sa valeur à quatre-vingt-sept milliards de dollars (87 000 000 000,00). Avec le taux d'inflation, cela placerait la valeur de ce temple aujourd'hui à plus de cinq cents milliards de dollars (500 000 000 000,00).

Cet homme, Salomon, avait 1 400 chars, qui étaient les limousines de cette époque. Il avait 12 000 conducteurs de chars pour lesquels il a construit une ville ; en d'autres termes, il avait 12 000 chauffeurs vivant dans des quartiers réservés au personnel ! Il avait un trône à six côtés, sur lequel reposaient des statues en or pur. Bien sûr, de l'or, tandis qu'il reposait ses pieds sur de l'or pur. Trois cents bétails étaient abattus chaque jour pour le divertissement dans son palais !

Il n'y a pas assez de sueur provenant du travail acharné de l'homme qui puisse jamais acheter un tel niveau de richesse. Voici le secret d'une telle richesse : "Et Salomon aimait le Seigneur..." (1 Rois 3:3). C'est ainsi que Salomon a commencé son chemin vers la richesse. Il n'aimait pas l'argent ; Salomon aimait le Seigneur.

À cause de son amour pour Dieu, il était très facile pour lui de sacrifier mille offrandes consumées à la fois. Le Seigneur fut si impressionné qu'Il lui rendit visite personnellement et lui dit : "...demande ce que je te donnerai." (1 Rois 3:5). Il y a une manière de pousser Dieu à l'action. Quelle fut la réponse de Salomon ? "Tout ce dont j'ai besoin, c'est la sagesse par laquelle ton royaume prospérera entre mes mains. Je ne désire ni maisons, ni voitures, ni possessions, juste le bien-être de ton royaume." (1 Rois 3:6-9, paraphrasé)

Salomon aimait le Seigneur. Quand un homme aime Dieu, il aura accès à Ses secrets.

4. LE LIEU DE LA CONNAISSANCE

« Un homme sage est fort ; oui, un homme de connaissance augmente sa force. » (Proverbes 24:5). L'endroit où vous vous trouvez aujourd'hui est le produit des connaissances que vous avez acquises par le passé et des informations auxquelles vous avez accès. Il n'y a pas de révolution sans révélation, car si vous savez mieux, vous vivrez mieux. Les problèmes auxquels le monde est confronté aujourd'hui ont été préfigurés dans les trois premiers chapitres du livre d'Osée. Mais dans le chapitre quatre, Osée a demandé : « Seigneur, dis-moi pourquoi c'est ainsi ? » Et Dieu lui a répondu au verset six. Écoutez ce que Dieu a dit : « Mon peuple est détruit par manque de connaissance... » Ce n'est pas le diable, ni les démons, ni le péché, ni l'argent, mais le manque de connaissance.

On m'a raconté l'histoire de deux frères qui ont quitté leur village pour aller en ville. À leur arrivée, ils ont vu des fils électriques sous tension. Ignorant leur danger, l'un d'eux a marché dessus, pensant qu'il s'agissait de longues cordes avec lesquelles ils jouaient dans le village.

Vous savez ce qui est arrivé ? Il est mort sur le coup.

L'autre frère, qui n'a pas compris la situation, a couru à la rescousse de son frère, mais il a également été électrocuté.

5. LE POUVOIR DE LA CONNAISSANCE

Cette histoire tragique illustre que la connaissance est un pouvoir, et sans elle, les hommes peuvent être détruits.

Lorsque vous ne comprenez pas, vous restez en dessous. C'est l'ignorance qui fait souffrir les hommes au milieu de l'abondance. Votre découverte garantit votre rétablissement.

Proverbes 11:9b dit : « mais par la connaissance, les justes seront délivrés. » La différence entre un médecin et un conducteur ne réside pas dans la taille de leur tête, mais dans leur contenu. Vous ne pouvez pas grandir au-delà de ce que vous savez. Cherchez à vous améliorer. Si vous refusez d'apprendre, vous resterez appauvri.

Votre capacité d'apprentissage détermine votre capacité à gagner. Le succès de toute entreprise repose sur ses secrets commerciaux. Il est possible d'avoir un cœur pur et une tête vide ; le salut est important, mais votre vie ne changera qu'en nourrissant votre cœur avec la connaissance. Jusqu'à ce que votre mentalité change, vos circonstances ne changeront pas.

L'ancien archevêque Benson Idahosa a un jour commenté : « Une grande tête avec un cerveau vide est un fardeau pour le cou. » Il est temps de rechercher la connaissance ; le christianisme est une combinaison du spirituel et du mental.

VOS DONS ET TALENTS : DES ATOUTS PRÉCIEUX

Vos dons et talents sont vos plus grands atouts dans la vie, mais ils doivent être affinés pour vous apporter des bénéfices, tout comme l'or qui doit être raffiné avant qu'une valeur ne lui soit attribuée. Votre talent doit être poli dans le fourneau de la connaissance, à travers l'apprentissage, la formation et l'exercice.

"Les hommes sont anxieux d'améliorer leurs circonstances, mais sont réticents à s'améliorer eux-mêmes ; ils restent donc liés." (James Allen)[2]

6. UTILISEZ CETTE CLÉ

La zone de votre vie qui a été détruite est celle de votre ignorance. Cela indique que vous avez besoin de plus de compréhension dans ce domaine. Si vous souffrez sur le plan financier, vous n'avez pas seulement besoin de prière. La prière ne peut pas remplacer la connaissance.

Lorsque des gens viennent me voir pour prier au sujet de leurs finances, je leur dis qu'ils doivent se rendre dans une librairie, trouver un bon livre sur le budget, écouter un bon enregistrement sur la manière d'organiser leurs finances et passer du temps à apprendre comment dépenser judicieusement. Arrêtez de vivre au-dessus de vos moyens et d'acheter des choses que vous ne pouvez pas vous permettre. Réfléchissez et avancez.

---

[2]   https://www.mindparachutes.com/2016/10/23/la-force-des-idees-tel-un-homme-pense-de-james-allen

7. PROBLÈMES DE RELATION ? CHERCHEZ LA CONNAISSANCE

Si vous rencontrez des problèmes dans votre relation, allez chercher un livre sur les relations. Apprenez à vivre avec les autres et à communiquer correctement. Vous avez besoin de connaissance. Je connais une sœur qui, avant de se marier, s'est préparée en lisant plus de 100 livres sur les relations. La Bible dit : « Si tu veux bâtir une tour, assieds-toi d'abord et compte le coût. » (Luc 14:28, paraphrasé). Elle s'est bien préparée et aujourd'hui, elle profite d'un mariage épanoui.

Elle a décidé, grâce à la connaissance, de faire fonctionner son mariage. Mon ami, peu importe le défi, vous pouvez y arriver aussi.

8. IGNORANCE

Dans Osée 4:6, Dieu dit : « ... parce que tu as rejeté la connaissance, je te rejette aussi... » Cela signifie que vivre dans la connaissance ou l'ignorance est une question de choix. Dieu nous dit : « Tu n'es pas né stupide, tu as choisi de l'être. »

Chaque fois que vous passez devant une librairie sans prendre un livre, vous rejetez la connaissance. Chaque fois que vous achetez un livre sans le lire, vous choisissez l'ignorance. Si vous êtes ignorant, Dieu ne peut pas vous utiliser efficacement ;

moins vous savez, moins Dieu peut agir à travers vous. Paul a dit à Timothée : « Tu as du zèle, tu as de la foi, mais étudie pour te montrer approuvé... »

9. PRÉPAREZ-VOUS DANS LA PRÉSENCE DE DIEU

Dans 2 Timothée 2:15, il est dit que Dieu vous utilise lorsque vous vous préparez en sa présence. Certaines personnes sont sauvées depuis 10 ans et n'ont jamais lu toute la Bible. Certains chrétiens ne savent même pas où se trouve le livre de Sophonie ! C'est très sérieux !

Si vous voulez élever votre niveau de connaissance pour diriger votre génération, vous devez être un lecteur. Rappelez-vous qu'un fils, tant qu'il est enfant, n'est pas différent d'un serviteur, car il ne sait pas (Galates 4:1). « Celui qui est honoré et ne sait pas est comme une bête qui périt » (Psaume 49:20).

Mon ami, vous pouvez être en position d'honneur et être très ignorant. L'ignorance est l'un des plus grands ennemis de l'humanité. C'est une force utilisée par l'esprit d'oppression pour maintenir le contrôle. Les colonisateurs ont utilisé cette clé, dans presque toutes les régions où ils sont allés, pour prendre le pouvoir et exploiter les nations.

Si vous ne savez pas que quelque chose avec lequel vous jouez peut vous tuer et que cela se produit, on appelle cela un accident ; mais la vérité est que vous avez été tué par l'ignorance. Décidez de connaître ; le succès dans la vie est une question de choix, pas de chance.

Trois révélations de Kenneth Copeland qui ont changé ma vie :

- Il n'y a pas d'échecs créés par Dieu.
- Il n'existe pas de chance.
- Personne ne peut faire de vous un échec, sauf vous-même.

Les personnes imprudentes, ignorantes et paresseuses, ne voyant que les effets apparents des choses et non les réalités sous-jacentes, parlent de chance, de fortune et de hasard. En voyant un homme devenir riche, elles disent : « Comme il est chanceux ! » En observant un autre devenir intellectuellement brillant, elles s'exclament : « Comme il est favorisé ! » Et en notant le caractère saint et le succès d'un autre, elles remarquent : « Comme le hasard l'aide à chaque tournant ! »

Elles ne voient pas les épreuves, les échecs et les luttes que ces personnes ont volontairement rencontrés pour acquérir leur expérience. Elles ignorent les sacrifices qu'elles ont consentis, les efforts indomptés qu'elles ont fournis et la foi qu'elles ont exercée pour surmonter ce qui semblait insurmontable et réaliser leur vision.

10. LE POUVOIR DE LA CONNAISSANCE ET DE LA DÉTERMINATION

Trop souvent, les gens ne voient que la lumière, la joie et le succès des autres, sans comprendre qu'il y a une histoire derrière chaque gloire. Ils ignorent que le succès dans la vie est une question de choix, pas de chance. Même l'ennemi, le diable, utilise l'ignorance comme son arme principale. La Bible nous exhorte à ne pas être ignorants de ses stratagèmes. Cela signifie que nous devons étudier et comprendre ses manœuvres.

L'ignorance est un terrain de jeu pour le diable. L'endroit où vous êtes dans l'ignorance est celui où il exerce son pouvoir sur vous. Engagez-vous à apprendre et à connaître. La seule véritable puissance que Satan a sur nous est notre ignorance.

Certaines personnes pensent qu'une fois qu'elles connaissent Dieu, elles possèdent toute la connaissance. Ce n'est pas vrai ! Il est essentiel d'être un chercheur diligent pour être honoré dans ce royaume. Comme le dit Proverbes 25:2 : « La gloire de Dieu, c'est de cacher les choses ; la gloire des rois, c'est de sonder les choses. »

Un changement de mentalité est nécessaire pour un changement de circonstances. Ne restez pas dans l'ignorance : recherchez la connaissance.

James Allen a dit : « Un homme ne commence à devenir un homme que lorsqu'il cesse de se lamenter et de blâmer, et commence à chercher la justice cachée qui régule sa vie. » Cela nous rappelle l'importance d'assumer la responsabilité de notre vie et de notre destin.

Ne laissez pas l'ignorance vous retenir. Faites le choix d'apprendre, d'évoluer et de vous battre pour votre succès. C'est là que réside votre véritable pouvoir.

Chapitre IV : LES CHOSES PRINCIPALES

La sagesse est la chose la plus importante. Proverbes 4:7 dit : « La sagesse est la principale chose... » Les écrits anciens enseignent que ce qui est le plus crucial sur terre est la sagesse. La Bible déclare : « La sagesse rend les sages plus forts que dix puissants qui sont dans la ville » (Ecclésiaste 7:19). Les œuvres puissantes répondent à la sagesse, car la sagesse et l'expertise vont de pair.

Salomon a découvert que la sagesse pouvait produire tout et n'importe quoi dans la vie. Elle est plus précieuse que l'or. La sagesse est l'un des secrets les plus puissants que nous possédons. Écoutez ce que la sagesse a à dire : « Par moi, les rois règnent, et les princes décrètent la justice. Les richesses et l'honneur sont avec moi ; oui, des richesses durables et la justice. Car quiconque me trouve trouve la vie et obtient faveur de l'Éternel » (Proverbes 8:15, 18 ; 8:35).

Ce n'est pas le chanceux qui a la fortune, car Dieu a enveloppé tous les trésors dans un mystère, et cela n'est révélé qu'à ceux qui cherchent. La différence entre le succès et l'échec est la sagesse. Daniel 12:3 dit : « Ceux qui sont sages brilleront comme l'éclat du firmament. » Les gens souffrent de problèmes dans ce monde (qu'ils soient financiers, spirituels ou émotionnels) principalement en raison d'un manque de sagesse.

Si vous pensez avoir un problème de mariage, vous devez d'abord reconnaître votre manque de sagesse et donc la rechercher. Si vous pensez avoir un problème financier, vous chercherez de l'argent, mais si vous réalisez qu'il s'agit d'un problème de sagesse, alors vous chercherez la sagesse, et celle-ci vous produira la richesse. Rappelez-vous que la chose principale est la sagesse ; cela signifie que pour chaque problème sur terre, la sagesse de Dieu est la solution.

Qu'est-ce donc que la sagesse ? La sagesse est la loi de Dieu appliquée avec précision pour résoudre un problème. C'est simplement une solution scripturaire à un problème auquel vous êtes confronté.

Lorsque vous augmentez en sagesse, vous augmentez en faveur. Lorsque vous augmentez en sagesse, vous augmentez en force. Lorsque vous augmentez en sagesse, vous...

« Heureux l'homme qui trouve la sagesse, et l'homme qui obtient l'intelligence. Car le gain qu'elle procure est meilleur que celui de l'argent, et son bénéfice plus précieux que l'or fin. Elle est plus précieuse que les rubis, et tout ce que l'on peut désirer ne saurait lui être comparé. Elle procure de longs jours dans sa main droite ; dans sa main gauche, elle donne richesses et honneur » (Proverbes 3:13-16).

POURSUIVEZ LA SAGESSE

Poursuivez la sagesse de tout votre cœur. Un jour, le disciple d'un sage lui demanda ce qu'il fallait pour obtenir la sagesse. Le sage l'emmena à une rivière et plongea sa tête sous l'eau. Après quelques secondes, l'élève, anxieux, commença à lutter, craignant de se noyer. Pourtant, le sage continua à maintenir sa tête sous l'eau. L'élève lutta de plus en plus fort. Finalement, le sage le relâcha juste avant qu'il ne se noie et lui demanda : « Quand ta tête était sous l'eau, qu'est-ce que tu voulais ? »

Ce que l'élève voulait, c'était de l'air, de la vie. De la même manière, lorsque vous désirez ardemment la sagesse, vous êtes prêt à tout pour l'obtenir. Faites de la sagesse votre priorité, car elle est la clé qui ouvre les portes de la richesse et du bonheur.

« Respirer », répondit le garçon angoissé. Eh bien, voilà. C'est exactement à quel point vous devez désirer la sagesse.

Chapitre V : AGIR

« Il y a une chose plus forte que toutes les armées de ce monde, et c'est une idée dont le temps est venu. » (Victor Hugo)

Je dis toujours aux gens qu'une seule idée venant de Dieu peut changer le cours de la vie d'un homme pour toujours. Les livres d'histoire s'ouvrent pour documenter les noms des hommes aux idées marquantes. Pour réussir, une idée n'a pas besoin d'être révolutionnaire comme la Croix-Rouge ou la FIFA. Elle peut être si petite que vous pouvez l'attraper entre vos doigts ; la taille n'a pas d'importance tant que vous pouvez la voir.

Regardez autour de vous et constatez certaines des inventions qui ont changé nos vies : la radio, le cellophane, les plastiques, les pneus sans chambre à air, la télévision, les médicaments, la photographie en couleur, le réfrigérateur, la machine à laver et les montres. Aujourd'hui, notre génération serait incomplète sans ces commodités.

Les idées gouvernent le monde. Depuis l'époque de Socrate, le fondateur de la science éthique, jusqu'au génie inventif d'Edison, Ford, Marconi, Westinghouse, Einstein et Kettering ; les idées ont apporté l'insight et l'expertise nécessaires à presque chaque grande réalisation qui soutient la civilisation moderne telle que nous la connaissons.

Les idées sont partout ; elles peuvent toucher une vie et changer une génération. Une idée n'est qu'une notion, une conception mentale, un plan, un schéma ; quelque chose formé dans l'esprit. Elle peut être floue jusqu'à ce qu'elle prenne enfin forme.

Jack Addingten, dans son livre splendide "100% Mind Power," écrit : « Au fond de chacun de nous se trouve la sagesse des âges. Cachée à l'intérieur se trouve une source infinie d'idées créatives qui ne peut jamais s'épuiser. Alors que les hommes cherchent à la surface de la vie pour trouver des idées, feuilletant frénétiquement les pages des livres ou recherchant l'esprit des autres, il existe au centre de chaque être l'idée même qui serait parfaite. Car l'inspiration nécessaire, au-delà de tout ce que l'homme a osé croire exister, est juste là où il se trouve. »

Ce dont vous avez besoin en ce moment, c'est d'une idée. Car tous ceux qui ont jamais osé accomplir quelque chose de valable ont d'abord commencé par des idées ou des plans. Jésus disait toujours : « De moi-même, je ne fais rien ; le Père en moi fait le travail. »

L'IDÉE DE LA MACHINE À COUDRE

Elias Howe, qui a vécu il y a plus de cent ans, a eu l'idée qui a rendu possible la machine à coudre moderne. Pendant des semaines, il avait travaillé sur son invention, qui fonctionnait, sauf pour une chose : il ne parvenait pas à trouver comment enfiler l'aiguille tout en maintenant la partie supérieure dans la machine. Une nuit, après avoir travaillé tard, il s'est effondré, épuisé, dans son lit. Il a rêvé qu'il avait été capturé par des cannibales, qui lui disaient qu'il devait perfectionner la machine à coudre dans les 24 heures sous peine d'être dévoré. Autour de lui, les cannibales marchaient en rond. Puis il a remarqué que la lance tenue par le chef cannibale avait un trou à son extrémité. Il s'est réveillé en sueur froide avec la solution à son problème. C'est pourquoi l'aiguille d'aujourd'hui a un trou à son sommet.

NE LES ÉCOUTEZ PAS

Si vous croyez qu'une idée est gagnante et que les experts disent qu'elle est impossible, ne les écoutez pas. Les experts ont tué plus de bonnes idées que tous les imbéciles réunis. La plupart d'entre eux ont travaillé pendant des années sur une ligne de pensée et deviennent généralement frénétiques si quelqu'un n'est pas d'accord avec eux.

L'IDÉE DE LA DÉCOUVERTE DES DIAMANTS

En 1868, le professeur Gregory, un géologue de renom, fut envoyé en Afrique du Sud pour déterminer si cette région était propice à l'exploitation des diamants. Après plusieurs mois sur place, il rentra avec ce rapport : "Il me semble parfaitement évident que l'ensemble de l'idée de la découverte des diamants au Cap est fausse et n'est qu'un des nombreux stratagèmes visant à promouvoir l'emploi et la dépense de capitaux dans la recherche de cette substance précieuse dans la colonie." Peu après, une multitude de prospecteurs prouvèrent combien il avait tort. Aujourd'hui, l'Afrique du Sud est célèbre pour ses diamants.

AGISSEZ SUR VOS IDÉES

Vous ne vous souvenez peut-être pas de l'inspiration qui vous vient lorsque vous conduisez ou que vous êtes à moitié endormi la nuit. De nombreuses bonnes idées ont été perdues de cette manière. Arrêtez la voiture ou levez-vous et notez votre idée. Une bonne idée suivie d'une action peut transformer un échec en succès. Si vous êtes orateur ou écrivain, habituez-vous à toujours avoir un bloc-notes et un crayon à portée de main.

Il est également important de consacrer du temps à des séances de brainstorming. La pensée créative peut produire des idées, et chaque idée en engendre d'autres.

L'IMPORTANCE DES IDÉES ET DES OBJECTIFS

Lorsque vous recevez une idée, aussi brillante soit-elle, ne vous attendez pas à des résultats immédiats. Il est crucial d'agir sur cette idée. Utilisez votre énergie et votre initiative pour la concrétiser ou trouvez quelqu'un qui le fera. Soyez prêt à travailler dur et à consacrer de longues heures pour que votre idée réussisse. Comme le dit John Locke : « Les pensées qui viennent souvent sans être cherchées et qui, pour ainsi dire, tombent dans l'esprit sont généralement les plus précieuses de toutes celles que nous avons, et par conséquent, elles doivent être sécurisées, car elles ne reviennent que rarement. »

OBJECTIFS

Quels sont vos objectifs en ce moment ? Si je connais vos objectifs, je peux vous dire quel niveau d'accomplissement vous atteindrez dans votre vie. Certaines personnes pensent que les idées sont des objectifs, mais c'est complètement faux. Un objectif est un rêve en action, avec un but précis. Votre objectif doit s'inscrire dans le cadre de votre vie et de son sens.

Vous ne pouvez pas atteindre un objectif si vous n'en avez pas. Vous ne pouvez pas toucher une cible si elle n'existe pas. Vous perdez votre temps si vous n'avez pas de but précis. Même les billets d'avion sont vendus en fonction du départ. Les gens ne vous demanderont pas d'où vous venez à l'aéroport ; ils demanderont plutôt où vous allez.

Vous devez avoir un objectif, et cet objectif doit être précis. Comme le dit Ken Gaub : « Les objectifs doivent être spécifiques, solides et sérieux, et ils doivent avoir des délais. »

APPRENEZ À ÉCRIRE VOS OBJECTIFS ET À FIXER DES DÉLAIS

Écrire vos objectifs renforce votre engagement et les ancre dans votre esprit. Sans objectifs, les gens n'ont rien pour quoi vivre.

En 1960, John Kennedy a déclaré : « Dans dix ans, nous mettrons un homme sur la lune. » Il a demandé aux personnes présentes ce jour-là d'écrire cet objectif. Certains d'entre eux pensaient que c'était fou, mais ils l'ont fait. En 1969, l'Amérique a mis le premier homme sur la lune. Vous ne pouvez guère accomplir plus que ce que vous planifiez. Il savait ce qu'il voulait, il a fixé un délai et il l'a réalisé.

RÈGLES POUR FIXER ET ATTEINDRE DES OBJECTIFS

Dans le livre de Norman Vincent Peale, Pourquoi Certains Penseurs Positifs Obtiennent des Résultats Puissants, il propose des règles connues pour être efficaces dans la fixation et l'atteinte des objectifs :

- Soyez spécifique : Définissez clairement ce que vous voulez atteindre.
- Établissez des délais : Fixez une date limite pour chaque objectif.
- Rendez-les mesurables : Assurez-vous que vous pouvez évaluer vos progrès.
- Écrivez-les : Notez vos objectifs pour renforcer votre engagement.
- Visualisez le succès : Imaginez-vous en train d'atteindre vos objectifs.
- Restez flexible : Soyez prêt à ajuster vos plans si nécessaire.
- Restez motivé : Trouvez des moyens de rester inspiré tout au long du processus.

En suivant ces principes, vous augmenterez considérablement vos chances de succès dans la réalisation de vos objectifs.

RÉFLEXION SUR VOS ASPIRATIONS DE VIE

- Pensez à l'endroit où vous souhaitez vous rendre dans la vie.

- Prenez une décision ferme : Déterminez clairement votre objectif principal.
- Formulez votre objectif : Rédigez-le sous la forme d'une déclaration précise et claire, en éliminant toute ambiguïté.
- Étudiez et apprenez : Informez-vous sur votre objectif et sur les moyens d'y parvenir.
- Fixez un délai : Établissez une date limite pour atteindre votre objectif.
- Priez pour votre décision : Assurez-vous que votre choix est le bon.
- Engagement total : Donnez à votre objectif un effort complet et constant, sans jamais abandonner.
- Appliquez la pensée positive : Gardez une attitude optimiste tout au long de votre parcours.
- Ne prenez rien pour acquis : N'oubliez pas qu'un objectif atteint en entraîne souvent un autre, et ainsi de suite.

En suivant ces étapes, vous vous rapprocherez de la réalisation de vos aspirations.

GRANDS GAGNANTS

Les grands gagnants ont de grands objectifs. En parcourant la bible, nous avons découvert ceci :

- L'objectif d'Abraham était de suivre Dieu partout, jusqu'aux extrémités de la terre si nécessaire.

- L'objectif de Moïse était de libérer le peuple de Dieu de l'esclavage. Il était un libérateur.

- À un moment donné, l'objectif de David était de sauver son peuple des Philistins, ce qu'il a fait même au risque de combattre Goliath.

- L'objectif d'Élie était de détruire le culte de Baal en Israël. L'objectif d'Élisée était d'avoir une double portion de l'esprit et du pouvoir d'Élie.

- L'objectif du Christ était de chercher et de sauver ce qui était perdu et de détruire les œuvres des ténèbres.

Le Dr David Cho, avec la plus grande congrégation d'église au monde, avait un objectif qui est passé de cent personnes à des milliers, puis à des millions. Oral Roberts avait pour objectif de bâtir une forte université chrétienne pour former des leaders et des ministres d'église, afin qu'ils puissent avoir un impact significatif dans le monde et propager l'Évangile.

Ces exemples illustrent que des objectifs clairs et déterminés peuvent mener à des réalisations extraordinaires. Les grands gagnants ne se contentent pas de rêver ; ils agissent avec détermination pour atteindre leurs buts.

UNIVERSITÉ POUR DIEU

Aujourd'hui, nous voyons ce rêve se réaliser, bénissant cette génération. Kenneth Copeland, Tommy Barnett, David Oyedepo, Pius Dyegeh, Myles Munroe, Billy Graham et bien d'autres ont tous fixé des objectifs, et je vous assure qu'ils récoltent le succès à tous les niveaux. La Bible dit : "Car il est comme les pensées de son âme." (Proverbes 23:7). Si vous pensez que votre objectif peut être atteint, vous pouvez y arriver, peu importe les obstacles.

Une des plus grandes démonstrations de la façon dont un individu motivé atteint ses objectifs est l'histoire de l'inoubliable champion olympique Jesse Owens. Certains journalistes sportifs l'ont jugé comme l'un des plus grands athlètes de l'histoire. Jesse Owens a vigoureusement rejeté cette évaluation, mais il n'y a aucun doute sur sa prouesse athlétique ou sur sa grandeur en tant que chrétien sincère et être humain remarquable.

Lors d'une réunion à Columbus, il a raconté l'histoire suivante. Il est né dans une famille noire aux moyens extrêmement limités : "Nous étions pauvres matériellement mais riches spirituellement." Il a également mentionné que, jeune garçon...

UNIVERSITÉ POUR DIEU

Aujourd'hui, nous voyons ce rêve se réaliser, bénissant cette génération. Kenneth Copeland, Tommy Barnett, David Oyedepo, Pius Dyegeh, Myles Munroe, Billy Graham et bien d'autres ont tous fixé des objectifs, et je vous assure qu'ils récoltent le succès à tous les niveaux. La Bible dit : "Car il est comme les pensées de son âme." (Proverbes 23:7). Si vous pensez que votre objectif peut être atteint, vous pouvez y arriver, peu importe les obstacles.

Une des plus grandes démonstrations de la façon dont un individu motivé atteint ses objectifs est l'histoire de l'inoubliable champion olympique Jesse Owens. Certains journalistes sportifs l'ont considéré comme l'un des plus grands athlètes de l'histoire. Jesse Owens a vigoureusement rejeté cette évaluation, mais il n'y a aucun doute sur sa prouesse athlétique ou sur sa grandeur en tant que chrétien sincère et être humain remarquable.

Lors d'une réunion à Columbus, il a raconté l'histoire suivante. Il est né dans une famille noire aux moyens extrêmement limités : "Nous étions pauvres matériellement, mais riches spirituellement." Il a également mentionné que, jeune garçon, il était de petite taille, maigre, avec une physionomie en dessous de la moyenne. Néanmoins, sa mère croyante et positive lui disait qu'il était destiné à accomplir de grandes choses dans la vie et qu'il allait devenir quelqu'un. Il ne voyait pas comment cela était possible. Sa famille était pauvre et n'avait aucune influence. Tout semblait contre lui, mais sa mère continuait à lui rappeler le Seigneur en disant : "Sois simplement un croyant et reste fidèle. Tu seras guidé."

Un jour, lors d'une assemblée scolaire, le conférencier était Charlie Paddock, l'un des athlètes les plus célèbres de l'époque. Dans de nombreux journaux sportifs, il était salué comme "le plus rapide des êtres humains". Ayant depuis longtemps pris sa retraite de sa carrière sportive, Paddock consacrait son temps à motiver les enfants partout et avait une énorme influence sur les jeunes. Plus d'un millier d'enfants remplissaient l'auditorium de l'école ce jour-là pour entendre le célèbre coureur parler, et le petit Jesse Owens se trouvait au premier rang. Owens a raconté que Charlie Paddock s'est avancé sur la scène, a mis ses deux mains dans ses poches, a laissé tomber un profond silence, puis, d'une voix forte et claire, a lancé la question : "Savez-vous qui vous êtes ? Non ? Eh bien, je suis ici pour vous le dire. Vous êtes les enfants de Dieu. Vous pouvez devenir quelqu'un. Vous pouvez être tout ce que vous voulez être si vous avez un objectif et que vous travaillez, croyez et ayez un bon caractère moral. Vous pouvez vraiment devenir ce que vous voulez être avec l'aide du bon Dieu."

Jesse Owens a raconté aux gens qu'à ce moment-là, en un éclair, il savait exactement ce qu'il voulait devenir ; son objectif s'est formé instantanément. Il voulait être le prochain Charlie Paddock, l'être humain le plus rapide du monde. Il avait hâte que le discours se termine et, dès que cela fut fait, il a couru pour prendre la main de Paddock.

Il a dit : "Quand j'ai saisi la main de Charlie, une impulsion électrique a traversé mon bras et mon corps." Ensuite, il s'est précipité vers son entraîneur en criant : "Entraîneur, j'ai un rêve, j'ai un rêve. Je vais être le prochain Charlie Paddock. Je vais être l'homme le plus rapide sur terre !"

L'entraîneur était un homme sage, un motivateur et un guide. Il a mis son bras autour des épaules du petit garçon. "C'est exact, Jesse. Aie un rêve, un grand rêve. Tu ne pourras jamais aller plus haut que ce que tu peux rêver. Mais tu peux atteindre des sommets si tu travailles pour cela, y crois et t'y tiens. Pour réaliser ton rêve, tu dois gravir une échelle qui a quatre échelons. Note-les bien *: (1) Détermination, (2) Dévouement, (3) Discipline et (4) Attitude."*

L'entraîneur a poursuivi en disant que l'attitude est d'une importance primordiale, même plus que les trois autres.

Jesse Owens nous montre que la vie est bien plus que de simplement passer le temps. Avec des rêves clairs et une attitude positive, il a transformé ses aspirations en réalisations extraordinaires. Son parcours nous rappelle l'importance de définir des objectifs significatifs et de travailler avec détermination pour les atteindre.

Nous avons tous la capacité de créer notre propre histoire, de faire des choix qui nous rapprochent de nos rêves et d'adopter une attitude qui favorise la réussite. En nous engageant mentalement et spirituellement envers nos objectifs, en cultivant la détermination, le dévouement et la discipline, nous pouvons également atteindre nos sommets personnels.

Alors, réfléchissons à nos propres objectifs. Quelles sont nos passions ? Quels rêves voulons-nous réaliser ? En prenant exemple sur Jesse Owens, engageons-nous à vivre pleinement, à croire en nous-mêmes et à avancer avec une attitude positive. La vie est trop précieuse pour être vécue sans but. Embrassons nos rêves et travaillons chaque jour pour les concrétiser.

De ce fait, basez-vous sur ces sept plus grands objectifs de la vie :

- Devenir financièrement indépendant.
- Obtenir un diplôme dans mon domaine d'études.
- Voyager dans au moins 10 pays différents.
- Développer une pratique spirituelle quotidienne.
- Écrire un livre sur mes expériences de vie.
- Créer une entreprise qui aide les autres.
- Maintenir une bonne santé physique et mentale.

Maintenant, je vais entourer trois objectifs pour lesquels j'ai le plus de passion :

- Devenir financièrement indépendant.
- Écrire un livre sur mes expériences de vie.
- Développer une pratique spirituelle quotidienne.

PRIORISATION DES TROIS OBJECTIFS :

- A : Devenir financièrement indépendant.
- B : Écrire un livre sur mes expériences de vie.
- C : Développer une pratique spirituelle quotidienne.

PRIÈRE À VOIX HAUTE

Maintenant, touche cette liste de tes objectifs et prie ceci :

"À travers la sagesse de Dieu, je peux devenir tout ce que Dieu dit que je peux devenir, je peux faire tout ce que Dieu dit que je peux faire et je peux avoir tout ce que Dieu dit que je peux avoir.

Parce que je suis un enfant de Dieu, j'ai l'onction d'exceller. Je peux atteindre ces objectifs grâce à la sagesse de Dieu. J'ai l'esprit de sagesse en moi, qui m'enable, qui me guide et qui m'enseigne toutes choses. J'obtiendrai ces objectifs, au nom de Jésus.

Si tu peux seulement planifier, deviens discipliné, engagé et travaille vers cet objectif. Tu expérimenteras la joie de l'accomplissement. Souviens-toi que tu ne peux aider un homme que s'il a un objectif.

"Il est venu un moment dans ma vie où j'ai prié avec ferveur : 'Dieu, je veux ton pouvoir.' Le temps passait et le pouvoir ne venait pas. Un jour, le fardeau était plus que je ne pouvais supporter. 'Dieu, pourquoi n'as-tu pas répondu à cette prière ?' Dieu semblait murmurer sa simple réponse : 'Avec des plans aussi petits que les tiens, tu n'as pas besoin de mon pouvoir.'" (Carl Bates)"

Chapitre VI : LE MYSTERE DE LA PETITESSE

Une des choses dans la vie qui commence par le haut, c'est la tombe ; elle est creusée par le haut. Quiconque veut réussir sans commencer par le bas se dirige vers la tombe. Vous ne pouvez pas sauter dans la grandeur ; vous devez y grandir. Si vous sautez, vous redescendrez, mais si vous grandissez, vous resterez en haut ! Les personnes qui pensent qu'elles sont trop importantes pour faire de petites choses sont peut-être trop petites pour être chargées de grandes choses. Les petites opportunités sont souvent le début de grandes entreprises.

Le succès n'est pas facile ; s'il l'était, tout le monde serait couronné de succès. Cependant, le chemin vers le succès n'est pas aussi difficile à gravir qu'il n'y paraît, sauf pour ceux qui n'ont jamais essayé. Autrement dit, la vie est une question de risque. Prenez ce risque et avancez. Job 8:7 dit : "Bien que ton commencement ait été petit, ta fin sera très grande." Jésus, le Roi des rois et Dieu lui-même, n'est pas venu dans le monde comme un grand guerrier, mais comme un petit bébé né dans une mangeoire. Mépriser la petitesse, c'est se priver de la grandeur. Car une montagne n'est rien d'autre que des tas de petites pierres.

Un sage a dit un jour : "Les grands personnages sont des petits personnages qui continuent à tirer." N'attendez pas que les conditions soient favorables ; commencez petit et commencez maintenant. La Bible dit dans Zacharie 4:9-10 que "nous ne devons pas mépriser les jours de petits commencements."

Personne n'est prêt à vous aider si vous ne vous aidez pas vous-même. Lorsque les gens voient que vous progressez dans de petites choses, ils se joindront à vous pour réaliser de grandes choses. Il est temps de vous réveiller et d'entrer dans votre avenir ; prenez des mesures positives et voyez votre vie se transformer pour le mieux. Ne restez pas stagnant, saisissez les petites opportunités qui vous entourent, et elles créeront des réalisations significatives pour vous.

L'échec vous donne l'opportunité de recommencer intelligemment. Ceux qui ne commettent pas d'erreurs dans la vie sont ceux qui n'essaient rien. Il vaut mieux tenter quelque chose et échouer que de ne jamais essayer et ne jamais savoir si vous auriez pu réussir.

Chaque fois que vous surmontez un obstacle ou résolvez un problème, le travail que vous entreprenez devient plus facile, jusqu'à ce que finalement, ce qui semblait impossible devienne une routine. Thomas Edison a réalisé 25 000 expériences pour inventer une batterie de voiture, et aujourd'hui, nous pouvons démarrer nos voitures grâce à son acharnement. "Notre plus grande gloire n'est pas de ne jamais échouer, mais de nous relever chaque fois que nous échouons."

Ami, il y a une différence entre l'échec en tant que personne et l'échec en tant qu'événement. Par exemple, vous avez passé un examen et échoué ; cela est un événement, mais vous êtes différent : vous pouvez réessayer. Ne laissez pas votre échec définir qui vous êtes. Les personnes qui réussissent sont celles qui ont échoué, mais qui, malgré leurs revers, ont continué à avancer vers leurs objectifs. Les échecs sont des personnes qui réussissent mais qui abandonnent à cause de leurs revers temporaires.

"Si vous n'échouez pas, vous ne grandissez pas," dit Stanley Judd. "L'échec est un retard, pas une défaite. C'est un détour temporaire, pas une impasse." (William Ward)

N'ayez pas peur des critiques ; face aux critiques, décidez-vous et dites-vous : "J'essaierai, et même si j'échoue, je me relèverai."

J'ai lu dans la section sport d'un magazine au sujet d'un homme nommé Ken Hudson. C'était un arbitre de la National Basketball Association (NBA) et il était le premier homme noir à occuper ce poste. Mesurant cinq pieds cinq pouces, il officiait des matchs où tous les joueurs mesuraient environ sept pieds. Un journaliste sportif a même dit qu'il ressemblait à une souche de bois dans une forêt de séquoias géants. On raconte qu'il était le seul homme capable de voir les joueurs en regardant entre leurs jambes.

Lorsque Hudson a commencé sa carrière d'arbitre, le public riait aux éclats, mais cela n'a duré qu'un match. Il a prouvé qu'il était un maître dans son domaine, car il ne se laissait pas abattre par sa petite taille. Il disait : "Quand moi, Ken Hudson, cinq pieds cinq, je siffle, tous ces grands gars s'arrêtent." Il ajoutait : "Je suis content d'être petit. Si j'avais été grand, j'aurais peut-être été sourd, aveugle ou idiot."

Une leçon précieuse à retenir est de ne pas se concentrer sur ses insuffisances ou ses limitations. Si vous êtes petit, rappelez-vous que les hommes ne sont petits que par leur stature, pas par leur vision.

Lorsque des épreuves surviennent, essayez de rester calme, posé et serein. Ne laissez jamais rien vous plonger dans le tumulte émotionnel, car vous ne pouvez rien résoudre en vous inquiétant. La seule façon...

Pour trouver une solution, il est essentiel de faire appel à Dieu, car Il renouvellera votre force et vous donnera la direction.

Deuxièmement, vous pouvez trouver une solution intellectuellement dans un état d'esprit calme. Rappelez-vous que l'esprit ne fonctionne jamais efficacement lorsque l'on est en proie à la colère ou à l'anxiété, mais plutôt lorsque l'on est serein et posé.

Chaque jour, j'interagis avec des personnes tant à l'intérieur qu'à l'extérieur du pays, que ce soit par téléphone ou par mail. Je n'ai jamais vu certains d'entre eux, mais ils sont mes amis et je suis le leur. Souvent, des gens m'appellent en pleurant, avec des problèmes émotionnels profonds. Je leur dis toujours que s'ils parviennent à se calmer, à rester cool et posés, alors le premier pas vers la résolution de leur problème sera franchi.

Plus un homme devient tranquille, plus son succès, son influence et son pouvoir de faire le bien grandissent. (James Allen)

Restez calme face à l'adversité.

Chapitre VII : L'ART DE DECOUVRIR VOTRE VALEUR UNIQUE

Il y a aujourd'hui plus de 6,4 milliards de personnes sur Terre, et aucune d'entre elles n'a vos empreintes digitales ni votre sourire ; vous êtes unique et différent, et cela vous rend précieux. On dit que la valeur économique de quelque chose est déterminée par sa rareté. Autrement dit, plus quelque chose est rare, plus la valeur qui lui est attachée est élevée.

Les feuilles, les pierres et le sable ne valent pas grand-chose parce qu'ils ne sont pas rares, tandis que l'or et les diamants ne se trouvent pas partout, donc leur valeur est élevée.

Ami, vous ne pouvez être trouvé nulle part ailleurs ; ni en Amérique, ni en Chine, ni en Europe. Vous êtes rare, et cela vous rend précieux ; vous n'êtes pas bon marché. Dieu a créé chaque être humain de manière complètement originale. Il a fait cela parce qu'il ne voulait pas que vous perdiez votre valeur. C'est pourquoi vous ne devriez jamais essayer d'être quelqu'un d'autre, sinon vous risqueriez de perdre votre valeur.

Vous êtes original et différent. Votre valeur est élevée. Dieu n'a jamais créé un autre vous. Personne d'autre n'est comme vous. Alors, trouvez votre différence et célébrez-la. Votre différence crée votre récompense. Trouvez votre différence et construisez votre avenir autour de celle-ci.

Il est temps d'être vous-même et de protéger votre valeur.

« Si un homme écrit un meilleur livre, prêche un meilleur sermon ou fabrique une meilleure souricière que son voisin, même s'il construit sa maison dans les bois, le monde fera un chemin battu jusqu'à sa porte. » (Emerson)

Soyez tout ce que vous pouvez être

Il est temps d'accepter qui vous êtes et d'accepter les autres tels qu'ils sont. Ayez une bonne opinion de vous-même. Ne regardez pas en bas ; regardez en haut. Vous êtes né de Dieu pour la grandeur. (Lisez le Psaume 139:14)

Lisez attentivement les puissants secrets suivants pour vous aider à maximiser votre potentiel :

1. **Soyez positif :** Ne pensez ni ne parlez jamais négativement de vous-même, car cela vous met en désaccord avec qui vous êtes vraiment. (Lisez Nombres 13:33)

2. **Méditez sur vos forces :** Apprenez à vous encourager, car la plupart du temps, personne d'autre ne le fera. (Lisez 1 Samuel 30:6)

3. **Ne vous comparez jamais à quelqu'un d'autre** : Vous êtes unique, une espèce originale. Refusez d'être une photocopie. (Lisez 2 Corinthiens 10:12)

4. **Concentrez-vous sur vos potentiels, pas sur vos limitations.** (Lisez Exode 4:10)

5. **Trouvez quelque chose dans lequel vous êtes doué et que vous aimez faire ; puis, faites-le encore et encore.** (Lisez Proverbes 22:9) Combien de personnes connaissez-vous qui ont réussi dans quelque chose qu'elles détestaient ?

Un des plus grands inventeurs de notre temps, Thomas Edison, a dit un jour : « Beaucoup pensent que je suis plus brillant que les autres hommes. » Il a ajouté : « La différence entre moi et les autres hommes est que les autres hommes pensent à de nombreuses choses toute la journée, tandis que moi, je pense à une seule chose toute la journée. »

- **Concentrez vos énergies dans une seule direction** pour obtenir un plus grand effect.

- **Ayez le courage d'être différent ;** soyez un plaisant à Dieu, pas aux hommes. (Lisez Actes 5:10)

- **Apprenez à gérer l'échec et la critique ;** laissez-les vous développer au lieu de vous décourager. (Lisez 1 Samuel 10:26-27)

- **Rappelez-vous toujours que vous êtes un travail en cours.** Dieu n'a pas abandonné sur vous. Même si vous n'avez plus rien d'autre que Dieu, vous avez encore assez pour recommencer. (Lisez Psaume 27:10)

- **Concentrez-vous chaque jour sur la seule source de votre confiance - Dieu !** Travaillez sur votre relation avec lui. (Hébreux 12:2)

- **Enfin, préparez-vous ; ne attendez pas une opportunité ;** préparez-vous pour une opportunité. Même les fourmis prennent le temps de préparer leur nourriture. Vous êtes soit dans le lieu de préparation, soit dans le lieu de votre destinée. (Proverbes 6:6-8)

LE VENT DU CHANGEMENT

Le vent du changement souffle à travers les continents du monde, et vous savez que le changement est la chose la plus permanente sur la face de la terre. Le changement que nous recherchons doit commencer par nous. Si vous n'aimez pas comment les choses sont, changez-les !

Cependant, pour que les choses changent, vous devez d'abord changer. Si nous ne pouvons changer que pour le mieux, notre monde s'améliorera considérablement. Je disais souvent : "J'espère vraiment que les choses vont changer", puis j'ai appris que la seule façon dont les choses vont changer pour moi, c'est lorsque je change. Je dis toujours que si l'ennemi n'est pas en nous, l'ennemi extérieur ne peut pas nous nuire. "Je n'ai jamais rencontré un homme qui m'a causé autant de problèmes que moi-même." Rappelez-vous que seul vous pouvez vous retenir, seul vous pouvez vous mettre en travers de votre propre chemin, seul vous pouvez vous aider. Personne ne peut vous arrêter sauf vous-même.

Toutes les personnes se divisent en trois catégories :

- Ceux qui sont immuables.
- Ceux qui sont changeables.
- Ceux qui provoquent le changement.

LE MYSTERE DE LA PETITE TAILLE

Le changement. Votre croissance dépend de votre volonté d'expérimenter et d'embrasser le changement.

LA PLUS GRANDE TRAGÉDIE DE LA VIE

« Le monde avance si vite de nos jours que l'homme qui dit qu'une chose ne peut pas être faite est généralement interrompu par quelqu'un qui est en train de le faire. » Aujourd'hui, nous avons du temps et nous avons la vie. Cependant, le temps et la vie sont tragiques sans un but. Il est plus tragique d'être vivant et de ne pas savoir pourquoi que d'être mort ; car les morts n'ont pas à rendre compte du temps qu'ils passent dans la tombe, mais ceux qui sont vivants doivent rendre compte de la façon dont ils passent leurs journées.

La chose la plus triste au monde, c'est que des millions de personnes se réveillent, travaillent dur, transpirent, vont à un emploi qu'elles détestent, travaillent pour des gens qu'elles ne supportent pas et sont payées bien moins que ce qu'elles méritent. En retour, elles se fâchent contre leurs patrons toute la journée, rentrent chez elles dans une maison pleine de tensions, dorment sur un lit en tournant le dos à leur partenaire, regardent un programme télévisé qui les déprime, font des cauchemars pendant leur sommeil, se réveillent le matin et recommencent tout depuis le début.

Ils passent ainsi leur vie jusqu'à 65 ans, et puis l'entreprise leur offre une montre en guise de cadeau de retraite, comme une sorte d'appréciation pour leurs années de travail acharné - quelle tragédie ! Rappelez-vous que vous n'êtes pas né pour gagner votre vie ; vous êtes né pour vivre. La plupart des gens passent leur vie entière à payer des factures sans jamais se sentir épanouis. Beaucoup passent la majorité de leur existence à construire une maison et à rembourser un prêt hypothécaire, et au moment où ils terminent de payer, ils sont trop vieux pour tourner la clé de leur porte - Dieu nous en préserve !

Quelle tragédie d'être vivant sans savoir pourquoi. Dieu ne vous a pas donné la vie pour que vous travailliez, transpiriez et alliez dans la tombe sans que personne ne remarque ni ne se souvienne que vous étiez là. Il est temps de créer un impact fort et positif sur la vie des gens. « Vous commencez à vous réaliser lorsque vous commencez à réaliser les autres. » Je dis toujours aux gens que le lieu le plus riche et le plus précieux sur cette planète n'est ni les mines d'or au Ghana, ni les mines de diamants en Afrique du Sud, ni les puits de pétrole au Nigeria, mais les cimetières, car là reposent des livres jamais écrits, des chansons jamais composées, des rêves jamais réalisés.

Vivez pleinement, créez, inspirez et laissez une empreinte indélébile dans ce monde. Ne laissez pas votre passage sur cette terre être une simple note en bas de page. Soyez le changement que vous souhaitez voir et faites en sorte que votre vie compte.

Les cimetières sont remplis de talents perdus et de potentiels non réalisés. Ma prière pour vous est que vous n'emportiez pas vos potentiels et vos talents dans la tombe. Vous devriez mourir en vous réalisant et en influençant votre génération. Une grande tragédie dans la vie se produit lorsqu'un homme meurt en tant qu'enfant ; lorsqu'une femme meurt en tant que fille ; lorsque le succès meurt dans l'échec, et lorsqu'une bonne idée meurt dans l'esprit. Cela frustre Dieu lorsque des visions meurent invisibles, lorsque des chansons meurent non chantées et lorsque des livres meurent non écrits.

Mon ami, votre potentiel fait référence à ces choses puissantes que vous pourriez accomplir mais que vous n'avez pas encore réalisées, et à cette personne que vous êtes et qui n'a pas encore été révélée. Le potentiel n'est pas ce que vous avez fait, mais ce que vous devriez faire et que vous n'avez pas encore fait.

La plus grande tragédie de la vie est la mort d'un potentiel. Révélez-vous et bénissez votre génération. Le monde vous attend.

Ken Gaub termine son puissant livre "Rêves, Plans et Objectifs" avec ces cinq conseils pour réussir :

1. **Ayez une vision claire :** Savoir où vous voulez aller est essentiel pour y parvenir.

2. **Fixez des objectifs :** Établissez des objectifs spécifiques et mesurables pour guider votre progression.

3. **Agissez avec détermination :** Ne restez pas passif ; passez à l'action pour réaliser vos rêves.

4. **Persévérez face aux obstacles :** Ne laissez pas les échecs vous décourager, apprenez-en et continuez d'avancer.

5. **Entourez-vous de bonnes personnes :** Les relations positives peuvent vous soutenir et vous inspirer dans votre parcours.

N'oubliez pas, le monde a besoin de ce que vous avez à offrir. Ne laissez pas votre potentiel mourir avec vous.

LA PORTE EST OUVERTE

Aujourd'hui, vous avez l'opportunité de lire et d'entendre parler de Jésus comme le seul Sauveur. La porte est ouverte ; venez maintenant avant qu'il ne soit trop tard. Si vous n'avez jamais demandé à Jésus d'entrer dans votre vie, priez cette prière avec toute sincérité.

Seigneur Jésus,

Je viens à toi aujourd'hui. Je suis un pécheur ; pardonne-moi et lave-moi avec ton précieux sang. Délivre-moi du péché et de la destruction. En ce moment, je t'accepte comme mon

Seigneur et Sauveur personnel. J'ouvre la porte de mon cœur ; entre, Seigneur. Merci de m'avoir sauvé ; maintenant je suis né de nouveau.

Amen.

CONCLUSION

Au terme de ce voyage à travers « **À la Découverte des Diamants Cachés : Secrets de la Vie,** » nous avons exploré ensemble les profondeurs de notre existence et mis en lumière les trésors souvent invisibles qui résident à nos portes. L'histoire du fermier, qui a sacrifié sa terre dans une quête de richesse illusoire, nous rappelle que les véritables richesses ne se trouvent pas toujours à l'extérieur, mais aussi au sein de ce que nous possédons déjà, parfois juste sous nos pieds.

Chaque chapitre de ce livre a été conçu pour vous encourager à regarder au-delà des apparences et à reconnaître les opportunités qui se cachent dans votre quotidien. Comme le dit Proverbes 3:13 : **"Heureux l'homme qui a trouvé la sagesse, et l'homme qui acquiert l'intelligence."** Il est essentiel de cultiver une perspective ouverte et curieuse pour découvrir les secrets qui peuvent transformer notre vie. En effet, la bonté de l'Éternel remplit la terre (Psaume 33:5), et en apprenant à voir le monde avec gratitude, nous pouvons découvrir de nouvelles dimensions de notre réalité.

Vous avez appris que le succès ne dépend pas uniquement de vos efforts, mais également de votre capacité à explorer et à apprécier les richesses qui vous entourent. Les encouragements divins, les opportunités en or et les connexions précieuses sont souvent à portée de main, attendant d'être découvertes. Comme il est écrit dans Éphésiens 3:20, "**À celui qui peut faire, par la puissance qui agit en nous, infiniment au-delà de tout ce que nous demandons ou pensons,**" vous pouvez débloquer un potentiel illimité en approfondissant votre compréhension de vous-même et du monde qui vous entoure.

Alors que vous fermez ce livre, je vous invite à poursuivre cette quête de découverte. Prenez le temps d'explorer votre propre jardin, d'identifier les talents, les passions et les ressources qui vous sont propres. N'oubliez pas que chaque jour est une nouvelle occasion de révéler un diamant caché, d'apprendre quelque chose de nouveau et de grandir. Rappelez-vous également que dans Jérémie 29:11, le Seigneur déclare : "**Car je connais les projets que j'ai formés sur vous, dit l'Éternel; projets de paix et non de malheur, afin de vous donner un avenir et de l'espérance.**"

Vous êtes destiné à la victoire, et chaque secret que vous découvrez vous rapproche un peu plus de la vie épanouissante que vous méritez. Soyez audacieux dans votre exploration, curieux dans vos recherches, et ouvert aux possibilités infinies qui s'offrent à vous. En toutes choses, rappelez-vous que **"tout concourt au bien de ceux qui aiment Dieu"** (Romains 8:28).

Enfin, sachez que les plus grandes richesses de la vie ne se mesurent pas uniquement en termes matériels, mais également en termes de sagesse, de relations et de satisfaction personnelle. Que votre voyage vers la découverte des diamants cachés continue, et que chaque révélation vous guide vers une existence plus riche et plus significative.

BIBLIOGRAPHIE

OUVRAGES CLASSIQUES

1. **Platon.** *L'allégorie de la caverne.* Dans *La République.* Paris: Flammarion, [édition originale ivè s. av. J.-C.].

2. **Ralph Waldo Emerson.** *Essais: Premier et Second séries.* Paris: Éditions Payot, 1998.

3. **Victor Frankl.** *Man's Search for Meaning.* Boston: Beacon Press, 2006.

OUVRAGES CONTEMPORAINS

1. **Brené Brown.** *Daring Greatly: How the Courage to Be Vulnerable Transforms the Way We Live, Love, Parent, and Lead.* New York: Gotham Books, 2012.

2. **Daniel Goleman.** *L'intelligence émotionnelle.* Paris: Éditions Robert Laffont, 1996.

3. **Malcolm Gladwell.** *The Tipping Point: How Little Things Can Make a Big Difference.* Boston: Little, Brown and Company, 2000.

OUVRAGES SUR LE DÉVELOPPEMENT PERSONNEL

1. **Carol S. Dweck.** *Mindset: The New Psychology of Success.* New York: Random House, 2006.

2. **Stephen Covey.** *Les 7 habitudes des gens très efficaces.* Paris: Éditions First, 2010.

ARTICLES ACADÉMIQUES

1. **Csikszentmihalyi, Mihaly.** "Finding Flow: The Psychology of Engagement with Everyday Life." *American Psychologist,* 1997.

2. **Seligman, Martin.** "Positive Psychology: An Introduction." *American Psychologist,* 2000.

COURS INÉDITS ET RESSOURCES EN LIGNE

1. **Coursera.** *The Science of Well-Being* : https://www.coursera.org/learn/the-science-of-well-being

2. **Mindvalley.** *Viktor Frankl's 'Search for Meaning' Course* : https://acology.com/psychology/finding-lifes-purpose-with-viktor-frankls-mans-search-for-meaning/

OUVRAGES ET AUTEURS LUS

1. **Deepak Chopra.** *Les Sept Lois Spirituelles du Succes.* Paris: Éditions J'ai Lu, 1995.

2. **Eckhart Tolle.** *Le Pouvoir du moment présent.* Paris: Éditions Guy Trédaniel, 1997.

WEBOGRAPHIE

1. **TED Talks :** https://www.ted.com/

2. **Psychology Today:**

   https://www.psychologytoday.com/intl

Printed by Books on Demand GmbH, Norderstedt / Germany